W0208031

Mathilde à la déchetterie

Sophie Chérer

Mathilde à la déchetterie

Illustrations de Véronique Deiss

Mouche

l'école des loisirs

11, rue de Sèvres, Paris 6e

Du même auteur à *l'école des loisirs*

Dans la collection *Mouche*

Les hamsters n'ont pas de voix
Mathilde est tous les animaux
Ne me raconte plus d'histoires, Maman

Dans la collection *Neuf*

Une brique sur la tête de Suzanne
Le cadet de mes soucis
La seule amie du roi

Loi n° 49.956 du 16 juillet 1949 sur les publications destinées à la jeunesse : mars 1999
Dépôt légal : mars 1999
Imprimé en France par IFC à Saint-Germain-du-Puy

Pour Thierry Desailly, capitaine
et Jean Domec, chevrier

Mathilde revient du grand nettoyage de printemps et elle n'est pas contente. Chaque année maintenant, c'est la même chose. L'école entière est mobilisée pour aller récupérer sur les chemins, les prairies, les squares et les bords de la rivière tous les détritus accumulés pendant un an et les jeter dans de grandes poubelles. On distribue aux enfants des gants blancs en caoutchouc souple, genre gants de chirurgien ou de dame du rayon charcuterie, qu'ils n'ont pas le droit de garder après pour jouer au chirurgien ou à la dame du rayon charcuterie, même s'ils promettent de les laver.

Le grand nettoyage de printemps est une source inépuisable de disputes entre grandes personnes. Les uns écrivent au journal pour faire part de leur indignation, sous le titre :

Nos enfants ne sont pas des esclaves !

Les autres s'inquiètent franchement :

Et si l'un d'eux se pique avec une seringue de drogué, qui sera responsable ?

Mais selon Mathilde, le vrai problème n'est pas là. Le vrai problème, c'est que chaque mois d'avril, ça recommence, comme si personne n'avait rien appris, rien compris, rien changé à ses habitudes. C'est même de pire en pire d'année en année. Le grand nettoyage de printemps ne sert à rien d'autre qu'à permettre le grand salissage de tout le temps.

Cette journée pourrait être si gaie,

avec son pique-nique géant, sa balade en pleine nature, ses découvertes inattendues, ses maîtresses en baskets ! En fait, c'est une des plus déprimantes de l'année. Bouteilles cassées, paysages défigurés, rivière méprisée, trottoirs jonchés, enfer, malédiction et crottes de chiens obèses ! Sans compter le retour dans la cour de l'école où, au lieu de goûter un repos bien mérité, il faut encore se baisser des centaines de fois pour piocher entre les cailloux les gobelets de café et les mégots des maîtres.

Certes, Mathilde le sait bien, d'immenses périls bien plus graves que les papiers gras menacent la planète.

Des animaux disparaissent, rayés de la carte du jour au lendemain, comme le dodo de l'île Maurice ou le hanneton du chêne, d'autres deviennent fous, cancéreux ou tout maigres. Des pluies acides ravagent les forêts. Les airs ont plein de trous dans leurs couches. La mer rétrécit comme une vieille flaque. Les poumons des bébés des villes sont plus noirs et entortillés que des roudoudous.

Et tout ça par la faute d'adultes nuls, à cause de la négligence de générations entières de parents irresponsables.

Mais, avec la meilleure volonté du monde, on a l'impression de ne rien y pouvoir du tout. Alors que pour les déchets, ce serait si simple ! Il suffirait de ne plus les jeter n'importe où, à tort et à travers. Mathilde vient d'apprendre à l'école la division, le calcul de surfaces, et tout un tas d'autres choses apparemment pas très utiles, mais qui, dès qu'on s'intéresse à un sujet précis, deviennent passionnantes. Nous sommes six milliards

d'êtres humains sur la Terre. La superficie du globe est de 510 000 milliards de kilomètres carrés, soit 85 000 km^2 par personne. Si on enlève les océans, les montagnes, les déserts et les glaciers, il ne reste plus que quelques centaines de mètres carrés pour chaque habitant, quelque chose de tout à fait raisonnable.

Dans l'idée de Mathilde, chacun aurait simplement pour mission de veiller sur son petit morceau de planète, tout autour de lui, sur le petit terrain dont il aurait reçu la garde. On préviendrait, au lieu de guérir. Si chacun s'occupait personnellement de son petit coin, c'est la planète tout entière qui serait rapidement sauvée. Et le jour du grand nettoyage de printemps deviendrait un jour de fête, avec pique-nique géant, balade en pleine nature, maîtresses en baskets et sourires sur tous les visages devant la beauté d'un monde aimé qui sentirait bon.

Mais comme il est long, le chemin qui reste à parcourir.

Mathilde fait des statistiques. Elle découpe tout ce qu'elle peut trouver comme articles dans les journaux sur le sujet. Il est inépuisable. C'est fou comme on parle de déchets à la moindre occasion.

Le lendemain de la finale de la Coupe du monde, par exemple. On pourrait penser que tout le monde ne songeait qu'à faire la fête, qu'à se réjouir et savourer cette victoire tant attendue. Eh bien ce jour-là, il y avait des gens qui ne se réjouissaient pas du tout. C'étaient les employés de la société de nettoyage « chargée de redonner au Stade de

France tout son éclat », dit le journal. Il paraît qu'ils ont dû ramasser l'équivalent de 900 000 litres de détritus : 40 000 gobelets, 20 000 serviettes en papier, 40 000 bouteilles en plastique, 1 million de confettis, 40 000 « tifos », ces carrés de papier brillant de toutes les couleurs que chacun brandit depuis sa place pour former des figures, des drapeaux, des mots géants, et 1 million de pastilles « Finale : j'y étais ». 4 bennes de camion ! 80 mètres cubes d'ordures.

Mathilde se replonge dans les calculs. Décidément, l'arithmétique, c'est drôlement utile. Il y avait 80000 spectateurs à la finale, puisque le stade était plein à craquer. On peut penser que tout le monde a bu et mangé. Les émotions, ça creuse. Disons que la moitié a bu dans un gobelet et l'autre moitié directement à la bouteille. 40000+40000: le compte est bon. Supposons que la moitié du stade a préféré rapporter son tifo à la maison en souvenir plutôt que de l'abandonner sur place. 40 000, tout va bien. Là où rien ne va plus, c'est avec les serviettes en papier. Logiquement, quand on laisse traîner sa bouteille ou son gobelet et son papier de sandwich, on jette aussi par terre sa serviette en papier. Au point où on en est. Mais on n'a retrouvé que 20 000 serviettes. Il en manque donc 60 000.

Mathilde réfléchit. De deux choses l'une : ou bien 60 000 personnes se sont servies de leur serviette en papier comme mouchoir et l'ont glissée dans leur poche en repartant ; ou bien 60 000 personnes n'avaient PAS pris de serviettes en papier et ont essuyé leur mayonnaise et leur ketchup AILLEURS, ce qui tendrait à prouver que les trois quarts du public de football sont des gros dégoûtants. Ce qui est désolant. Il faut vraiment faire quelque chose.

Sans parler des pastilles. UN MILLION de pastilles divisé par 80 000 spectateurs, ça fait 12,5 pastilles par personne. C'est trop ! Et puis surtout, le but d'une pastille « Finale : j'y étais », c'est de pouvoir la montrer à tous les copains pour leur frimer la tête. Alors pourquoi les a-t-on retrouvées là le lendemain, toutes ces pastilles inutiles qui ne s'accrocheront sur aucune poitrine, ne se colleront sur aucun classeur, ne décoreront aucun album photos ?

Décidément, sous les détritus, il y a de grands mystères qui jusqu'alors n'intéressaient personne.

Mais tout cela va changer.

Parfois, le destin vous donne un coup de pouce pile au moment où vous en aviez besoin.

C'est ce que pense Mathilde en récoltant le courrier dans la boîte aux lettres ce matin-là.

Il y a une déchetterie toute neuve au village.

Chaque famille a reçu un prospectus « Déchetterie, mode d'emploi » qui donne les horaires d'ouverture, le plan, et toutes les instructions de tri. Mathilde le brandit triomphalement, comme un bulletin de troisième trimestre plein de A+, et elle commence sa campagne de sensibilisation et d'information.

Dans un des articles de son dossier « Sauvetage de la planète », on explique que chaque Français jette en moyenne 1,140 kilo de déchets par jour, trois fois plus que quand Papa et Maman sont nés, en 1960. En mettant de côté le verre, le carton, le papier et le plastique, on pourrait réduire ce chiffre de moitié, alors qu'à l'heure actuelle, 6 % seulement des déchets sont recyclés.

Mathilde décide de fonder un club de soutien à la déchetterie. Elle commence par confectionner une jolie pancarte et des badges assortis pour les futurs membres de son club. Dans le morceau de carton qui servait à maintenir droite et bien à plat sa nouvelle housse de couette, on peut découper vingt-sept rondelles pour badges, dont deux ratées, ce qui fait vingt-cinq membres du club. C'est déjà bien. Alicia sera sûrement d'accord, Mathilde sera présidente du club, il ne restera plus qu'à trouver les vingt-trois autres.

Comme première activité du club, Mathilde et Alicia ont décidé de disséquer trois pelotes de réjection de chouette trouvées sous un gros platane du jardin. Elles l'ont déjà plus ou moins fait à l'école mais alors, la maîtresse ne disposait que d'une seule pelote pour toute la classe et elle la montrait de loin, on ne voyait absolument rien. Là, elles en ont une et demie par personne, et des aiguilles à tricoter et des limes à ongles pour opérer. Le luxe. Les pelotes sont constituées essentiellement de poils de mulots gris et de petits os cassés, mais avec un peu de chance, on peut tomber sur une mâchoire presque intacte, une tête de mort, voire un fémur qui ressemble à une mini béquille. C'est passionnant. Au début, Mathilde et Alicia poussent de grands cris d'enthousiasme. Au bout d'un quart d'heure de tri d'ossements, elles en ont un peu ras le bol.

– Et puis je ne vois pas trop le rapport avec la déchetterie, dit Alicia. Si on se déguisait ?

– Bonne idée, approuve Mathilde. On est des biologistes-top-models.

Les filles partent à la recherche de vêtements dignes d'un défilé dans toute la maison. En tant que biologistes-top-models-sauveteuses de planète, elles décident de fabriquer des bijoux naturels, tels que bracelets en pâquerettes enfilées, diadèmes en branches de seringa, pendentifs en brins d'herbe, pour sensibiliser le public à la splendeur du règne végétal. Hélas, leur collection révolutionnaire a tendance à se dessécher et à tomber en miettes en moins de deux.

– Ce qu'il nous faudrait, c'est un vrai collier de reine, soupire Alicia. Attends, je vais te prendre en photo avant que tu fanes, j'ai mon appareil dans mon sac à dos.

Elle revient avec un superbe appareil rouge et jaune.

– C'est quoi, ce truc ? marmonne Mathilde. Ne me dis pas que... Aaaahhhrrrrrr ! Jette-moi ça tout de suite ! Enfin, non, je veux dire le contraire ! Un appareil jetable ! Horreur ! Malheur ! Planque-moi ça ! Et ne le jette jamais !!!

– T’es malade ? (Alicia hausse les épaules.) C’est mon cadeau d’anniversaire, alors tu te calmes. Et d’abord, si on ne le jette pas, on ne peut jamais voir les photos.

– Tu ne sais pas que les piles de cette saleté mettent plus de mille ans à se désintégrer dans la nature ? On ne sait même pas si elles peuvent disparaître totalement. C'est une abomination. Il faut boycotter les appareils jetables! Les fabricants de ces trucs prennent les enfants pour des débiles irresponsables!

– Bon alors tu veux pas que je te prenne en photo?

– Vas-y, concède Mathilde en prenant la pose. De toute façon, avec celui-là, le mal est fait.

– Les filles! appelle Maman. On y va!

– Génial! hurle Mathilde.

Et elle précise à l'intention d'Alicia qui reste légèrement sceptique:

– On va à l'inauguration de la déchetterie! sur le ton de: On va manger des glaces sept boules à dos de poney en regardant un feu d'artifice.

C'est un peu le monde à l'envers. D'habitude, pour sortir, on se fait beau, on met des vêtements propres et bien repassés, on se recoiffe. Là, c'est le contraire. Maman est allée chercher un vieux T-shirt plein de taches de peinture, Papa a ressorti du panier de linge sale son jogging tire-bouchonné.

Tout à coup, au bout de la zone commerciale, au beau milieu d'un grillage bleu roi, l'espoir s'inscrit en lettres blanches :

DÉCHETTERIE

Le mot est assez moche mais la chose est splendide. On dirait un immense jeu de construction avec des cubes géants de toutes les couleurs.

– Des parallélépipèdes rectangles, rectifie Mathilde qui vient d'étudier la question en géométrie et a récolté un

18 mais la honte parce qu'elle a écrit parallélépipettes.

– Si tu écoutais au lieu de causer sans arrêt avec Alicia, a dit la maîtresse. Moi, c'est les parallélépipelettes que je vous appelle.

Ces cubes, enfin ces paratrucs, ces youkoulélés, ce sont les conteneurs de déchets, les poubelles, quoi, mais en géant et beaucoup plus chic. Un bleu pour la ferraille, un vert pour le papier et le carton, un jaune pour le verre, un rouge pour le plastique, un marron pour les objets divers, un noir pour les branches et le gazon tondu.

– C'est pas très logique, pense Mathilde. On aurait dû prendre le vert pour le verre, par exemple, à cause du son. Comme ça, on s'en souviendrait facilement. Le bleu pour le plastique, à

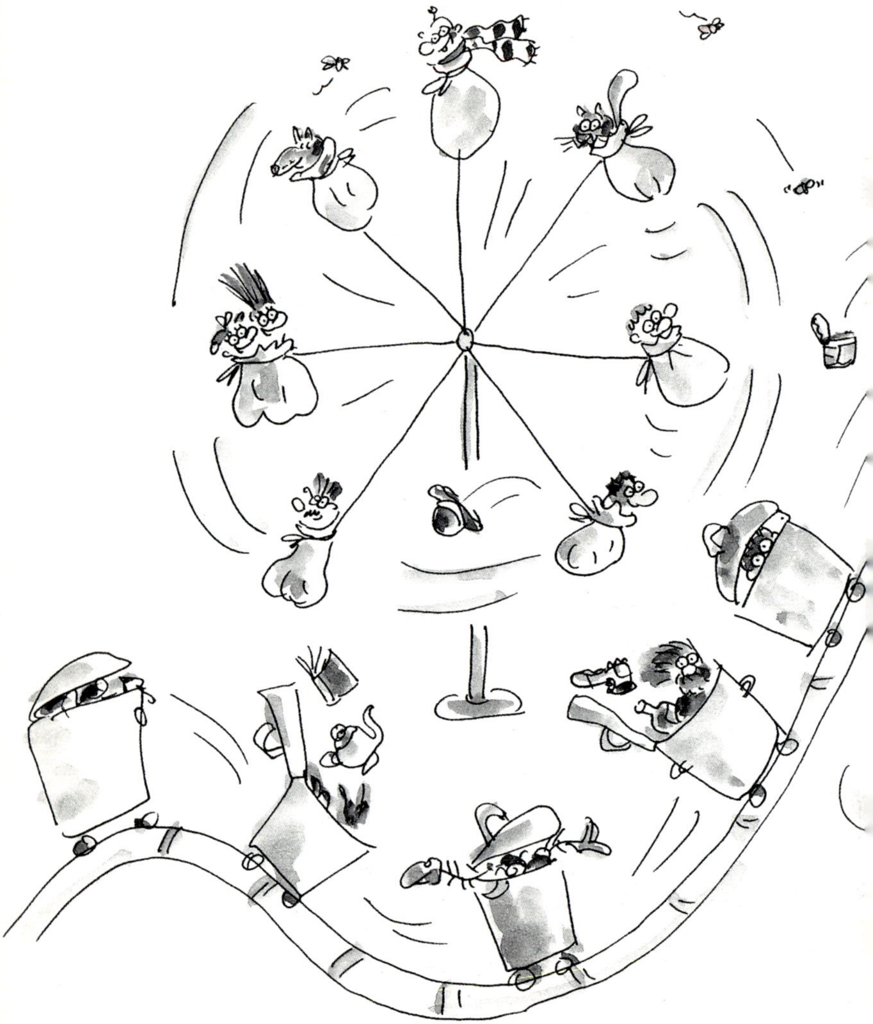

cause des bouteilles d'eau minérale, le marron pour le carton, un gris pour la ferraille...

– Et le rouge pour les nez de clown et les tomates pourries! glousse Alicia qui n'a pas tellement l'esprit scientifique.

Entre les cubes rangés en biais le long d'un petit parking, il y a des barres et des tubes métalliques pour soutenir les auvents de tôle. On peut s'amuser à y grimper, à y tourner, à s'y cacher. C'est un manège, un parc d'attractions, une vraie fête foraine! Il y a aussi des panneaux très sérieux un peu partout pour avertir que ça va chauffer pour le matricule de ceux qui s'aviseraient de verser de l'huile avariée n'importe où. Ça ressemble au code de la route. On pourrait y passer des heures, des après-midi entiers.

– Hé les filles ! Venez un peu m'aider ! crie Maman.

Mathilde et Alicia descendent de leur trapèze improvisé et accourent à la benne « Objets divers ».

– J'ai besoin d'un coup de main. C'est assez compliqué, cette affaire. Si on veut jeter un « Objet divers » emballé dans une boîte en « Carton », il faut commencer par jeter l'objet ici, et ensuite aller jeter la boîte avec les autres cartons. Vous me suivez ? Alors moi je jette tous les bidules ici et vous, vous allez jeter les cartons. O.K. ?

– D'accord, dit Alicia gentiment.

Mathilde, elle, ne répond pas. Elle a failli s'étrangler en voyant les objets divers dont Maman est en train de se débarrasser. Des guirlandes de Noël qu'elle n'a jamais vues ! Quelque chose de magnifique ! De sacré ! Des lampions chinois avec des franges en soie rouge, des flocons de neige scintillant de mille pointes argentées et bleu glacier, des ribambelles de globes multicolores saupoudrés de paillettes blanches, on dirait des boules coco à tous les parfums, même à ceux qui n'existent pas, comme menthe ou caramel.

– Tu ne vas quand même pas jeter ÇA ?! crie Mathilde.

– Ah si, j'en ai assez ! Dans cette maison, on entasse les vieilles guirlandes de Noël cassées depuis au moins quarante ans et total, chaque année on croit qu'on en a plein, et il n'en reste aucune potable, et les magasins sont dévalisés le jour où on s'en aperçoit, et le sapin de Noël est minable et terne ! Ça suffit. Cette année je rachète de belles guirlandes électriques flambant neuves mais d'abord, je me débarrasse des anciennes !

C'est sans réplique. Pourtant Mathilde insiste :

– Mais tu ne te rends pas compte : c'est exactement LA lampe dont j'ai besoin pour ma maison de poupées.

– Quoi ? dit Maman, absorbée par le décollage de morceaux de scotch d'une enveloppe matelassée. Bon ben prends un petit truc si tu en as VRAIMENT l'usage.

– Ouais ! hurlent les filles.

Chacune prend un petit truc dont elle aura VRAIMENT l'usage : deux douzaines chacune de petits lampions. On a toujours besoin de lampes pour les maisons de poupées et de nos jours, dans le commerce, on ne trouve plus que de la camelote fabriquée par des esclaves dans des pays ravagés par la dictature. Pour les récupérer, elles sont obligées de se pencher très fort dans la benne. Il reste une lanterne enfouie entre un vieux grille-pain rouillé et une valise mangée aux mites. Elle est trop loin, même en tendant la main de toutes ses forces.

– Tu me tiens, je descends dans la benne, dit Mathilde en mettant un pied sur le rebord.

– Hep! Hep! Là-haut! crie le gardien qui était en train d'expliquer à Maman, tout en gardant un œil sur la plate-forme, que ce n'était pas grave si l'intérieur d'une boîte de haricots verts était tapissé d'un revêtement en plastique et qu'elle pouvait quand même se délester de l'ensemble dans la benne « Ferraille ».

– Ne faites pas ça, voyons! C'est extrêmement dangereux. D'ailleurs, c'est interdit.

En repartant chez elle avec ses dix-neuf lampions de poupées, Alicia commence à changer d'avis sur la déchetterie, et à trouver, comme Mathilde, que c'est l'un des endroits les plus merveilleux du monde.

Mathilde adore entrer dans la chambre de ses parents. Quand elle a le droit, le matin pour leur dire bonjour, mais surtout en cachette. Avec sa moquette vert foncé, ses murs rouges et ses meubles bruns, elle ressemble à une forêt en automne. Mathilde aime son odeur, un mélange du parfum de Maman et du pot-pourri au café qui trône dans une jolie coupe. Et puis il y a la coiffeuse. Une coiffeuse de reine, avec un grand miroir, un coffret à bijoux et des tas de petits flacons de toutes les couleurs. Maman ne s'en sert jamais pour se coiffer. D'ailleurs, c'est tout juste si elle se passe un coup de brosse dans la salle de bains, et hop! Mathilde a suggéré que Maman lui donne sa coiffeuse, puisqu'elle n'en fait rien, mais Maman a répondu que sa chambre était trop petite pour y mettre un meuble aussi énorme. Alors Mathilde a failli répliquer que les parents n'avaient qu'à échanger leur chambre avec elle, mais là, elle connaissait déjà la réponse.

Mathilde s'approche de la coiffeuse avec des airs de conspiratrice. Dans le tiroir de droite du coffret à bijoux est caché un des plus beaux colliers du monde, juste en dessous de celui de Rose dans *Titanic*. En or, avec un fermoir en nacre et un pendentif en saphir et diamants. C'est un souvenir précieux de la grand-mère de Maman, Arrière-Mamy, qui le tenait elle-même de sa grand-mère. Maman doit le porter à peu près deux fois par an, quand elle se déguise en dame pour les occasions exceptionnelles. S'il appartenait à Mathilde, elle le porterait tous les jours, peut-être pas à son travail, de peur que Pierre tire dessus comme un malade et le réduise en pépites d'or, mais au moins à table, dans son bain plein de mousse rose, et toute la soirée, en lisant au lit des histoires de princesses.

Mathilde rêve. Elle pourrait rêver devant ce collier pendant des heures. Mais le temps presse, Maman va bientôt rentrer. Tout à coup, elle a une idée. La dernière fois que Maman l'a porté, c'était il y a quinze jours, pour les 60 ans de Mamé. Elle n'ouvrira donc pas le tiroir de droite pendant environ six mois. Pendant ce temps-là,

Mathilde pourrait sans faire de mal à personne emprunter le collier, jouer avec, le montrer à Alicia et même le lui prêter pour les défilés. Quel bonheur… Mathilde entend la porte d'entrée s'ouvrir et se refermer. Vite, elle fourre le collier sous son pull, referme le tiroir tout doucement et file dans sa propre chambre.

Le collier est lourd à souhait, idéal pour jouer les reines pour de vrai. Mais il est hors de question de le garder dans le creux de la main en attendant tranquillement que la victime entre et découvre le cambriolage.

Soudain, on entend les pas et la voix de Maman dans le couloir.

– Tu es là mon chou ? Regarde un peu ce que je t'ai rapporté !

Et hop, elle fait irruption dans la

chambre, au mépris de l'écriteau : « Chut ! Je travaille ».

Vite, Mathilde entrouvre sa vieille mallette en plastique violette bourrée de rognons de polystyrène, y fourre le collier, la referme et fait semblant de peiner sur un dessin compliqué, pour expliquer ses joues rouges et son air embêté.

– Toi qui es passionnée d'écologie, je t'ai pris ça à la librairie.

Et Maman tend à Mathilde un livre assez moche intitulé *Lulu, citoyenne responsable.*

– Tu auras le temps de le lire plus tard, c'est bientôt l'heure de manger. Il y a des pizzas aux 365 fromages.

La recette de Maman de la pizza aux 365 fromages consiste à étaler sur un fond de coulis de tomates tous les rogatons, miettes coulantes, vieilles croûtes et restes du plateau de fromage de la semaine. Une fois gratiné, c'est succulent. C'est un plat qui met tout le monde de bonne humeur, et qui est tellement salé qu'il oblige à se relever deux ou trois fois pour aller boire un litre d'eau fraîche à la salle de bains en pleine nuit, ce que Mathilde adore. Et puis, ce n'est rien d'autre que du recyclage de déchets. En cuisine, on appelle ça «l'art d'accommoder les restes».

Pendant le dîner, chacun propose ses solutions pour sauver la planète. Maman et un collègue qui habite au bout de la rue se sont mis d'accord pour aller au travail ensemble. Et hop ! Autant de gaz carbonique en moins. Papa a aligné des seaux et des arrosoirs derrière la maison pour recueillir la pluie. Autant d'eau économisée pour les plantes. Mathilde a lu quelque part que les peaux de bananes en décomposition donnaient de l'azote, donc de

belles couleurs aux rosiers quand on les enterrait à leurs pieds. Une peau de banane pèse 50 grammes. En une année, quel poids en moins dans les poubelles !

C'est un dîner de travail très constructif.

Après s'être brossé les dents en fermant le robinet entre les rinçages, Mathilde ouvre *Lulu, citoyenne responsable.* C'est l'histoire d'une pimbêche qui inflige de grandes leçons de morale à tout le monde sur la pollution. Au début, Mathilde a craint la rivale en Lulu. Mais très vite elle se rend compte que cette Lulu est une abrutie inculte qui ordonne, par exemple, à son papa de cesser de lire les journaux parce que ça gâche du papier et de ne plus s'informer qu'à la télévision. Ne plus s'informer qu'à la télévision, c'est un peu comme ne plus se nourrir que de mou de veau aux hormones : ça fait mal aux yeux, c'est triste, ça n'a pas de goût et ça ne contient aucune vitamine. Mathilde pense que ce livre nul fera de l'excellent papier recyclé, une fois qu'elle l'aura fait passer par la déchetterie. D'accord, c'est un cadeau de Maman, mais il est aussi arrivé à Maman de jeter des cadeaux de Mathilde, comme le cœur en pâte à sel moisie au bout de trois ans.

Elle s'endort sur cette pensée vengeresse.

Mathilde a été invitée à passer le week-end chez Alicia. Comme le samedi matin est un samedi libéré, elle part dès le vendredi soir.

– Moi je veux bien, dit Maman, mais avant tout, je dois régler une grave question d'écologie avec toi. Est-ce que tu considères que ta chambre fait partie du petit bout de planète qui t'entoure directement et que tu dois tout faire pour préserver ?

Mathilde voit venir la mauvaise foi.

– Non, parce que c'est un vrai dépotoir. On n'aperçoit même plus le fond, insiste Maman. Tiens, c'est l'heure de la manif !

Elle s'éclipse et revient parcourir la maison en long et en large en brandissant des petites pancartes :

Sauvons nos amies
les chambres d'enfant !

Attention :
une espèce en voie de disparition :
la chambre bien rangée !

S.O.S. Chambre en péril

Ce cinéma a le don d'énerver Mathilde. Un peu comme quand Maman fait exprès de ne pas comprendre son entreprise de lutte totale contre le gaspillage comme elle le mériterait.

– Mathilde, je te prierais de tirer la chasse d'eau après ton passage, c'est dégoûtant !

Puiser dans une source pure neuf litres d'eau fraîche pour faire disparaître trois gouttes de pipi, quelle démesure ! Mathilde a lu dans son tas de documentation qu'il fallait mettre une grosse brique dans le réservoir de la chasse d'eau. Selon le principe d'Archimède, c'est autant de liquide économisé. Mais Maman qui veut qu'une hygiène parfaite règne dans sa maison au mépris du sauvetage de la planète ne l'entend pas de cette oreille.

– Je rangerai dimanche soir, en rentrant, propose Mathilde sans trop de conviction.

– C'est ça, répond Maman en levant les yeux au ciel. À vue de nez, il y en a au moins pour quatre heures. Tu comptes te coucher à minuit sans manger ?

– S'il le faut, déclare Mathilde, non sans un certain héroïsme.

Le week-end chez Alicia est délicieux. Les deux amies fabriquent des détecteurs de pollution, font un concours de crêpes et organisent un défilé de haute couture. C'est alors que Mathilde se rend compte qu'elle a oublié le principal : le collier d'Arrière-Mamy.

– Je l'avais préparé exprès !

– C'est pas grave, dit Alicia, ça sera pour la prochaine fois.

Quand Mathilde rentre pleine de bonnes résolutions, décidée à se mettre tout de suite au rangement de son antre, il faut croire que Maman a eu le temps de réfléchir et de revenir à des sentiments moins moqueurs, car elle l'interrompt :

– Pas la peine, mon castor en chocolat ! Je ne sais pas ce qui m'a pris, ça doit être l'Appel de la Déchetterie, samedi matin j'ai attaqué le garage, il y avait plein de vieux machins bons à jeter, et j'ai fait ta chambre dans la foulée. J'en ai rempli deux coffres de voiture, des tas de cochonneries dont tu n'as même pas idée ! Quelle victoire pour l'avenir de la Terre, non ?

– C'est incroyable, le pouvoir magique de cette déchetterie, rigole Papa. Tu te souviens, d'habitude, quand Maman disait qu'elle se lançait dans un grand nettoyage, elle se limitait à changer de place les différentes piles de choses, à relire ses vieux papiers assise dans le couloir en riant à gorge déployée quand c'étaient des papiers drôles ou en souriant d'un air attendri quand c'étaient des papiers attendrissants tels que mes lettres d'amour ou tes dessins de quand tu avais un an et demi. Aujourd'hui, c'est différent. Elle a vraiment rempli deux énormes cartons !

– Tu as jeté des affaires à moi ?

– Mais pas des affaires à toi, mon autruche en meringue, des vieilleries, je te dis : des emballages en plastique, des Barbies mutilées, des boîtes de jeux dépareillées. Rien que tu voulais garder.

– Et mes livres de bébé ?

– Mais non, pas tes livres de bébé.

– Ah bon, parce que je les garde pour quand j'aurai des enfants.

Mathilde tique un peu quand même pour les Barbies mutilées, elle monte voir le résultat. Sa chambre est splendide, plus un seul petit brin de scoubidou sur la moquette, plus une malheureuse chaussette sale sur la chaise du bureau, les livres sont bien alignés dans les rayons, tous les tiroirs de la commode ferment, et sur la table de chevet, Maman a arrangé un joli bouquet des fleurs préférées de Mathilde : des roses bleues.

La mallette violette en plastique a disparu.

Mathilde regarde sous le lit: rien. Dans l'armoire: rien. Sous la bibliothèque: que des boîtes de jeux et de crayons bien empilées par ordre de taille.

Elle descend dîner en redoutant le pire.

– Et au fait, qu'est-ce que tu as fait de la mallette violette? demande-t-elle d'un air détaché.

– Déchetterie, bien sûr! Tu l'avais préparée pour ça, non, ce vieux machin?

– Eh ben... et ce qui était à l'intérieur?

– Tous ces morceaux de polystyrène? Ne t'inquiète pas, tout est parti dans la foulée.

– Tu as vidé la mallette dans la benne?

– Vidé ? Je ne sais plus. Mais il n'y a aucun problème, je te dis, tout allait dans « Objets divers ».

Mathilde devient verte. Elle n'a même pas le cœur à dire : Ah ben non, le collier en or d'Arrière-Mamy, il aurait plutôt fallu le mettre dans « Ferraille » !

Tout s'écroule. Le collier est perdu, enfoui, définitivement pollué. Quand elle saura ça, Maman sera terriblement triste, déçue et en colère.

Et quand une Maman est triste, déçue et en colère, la planète n'est pas sauvée.

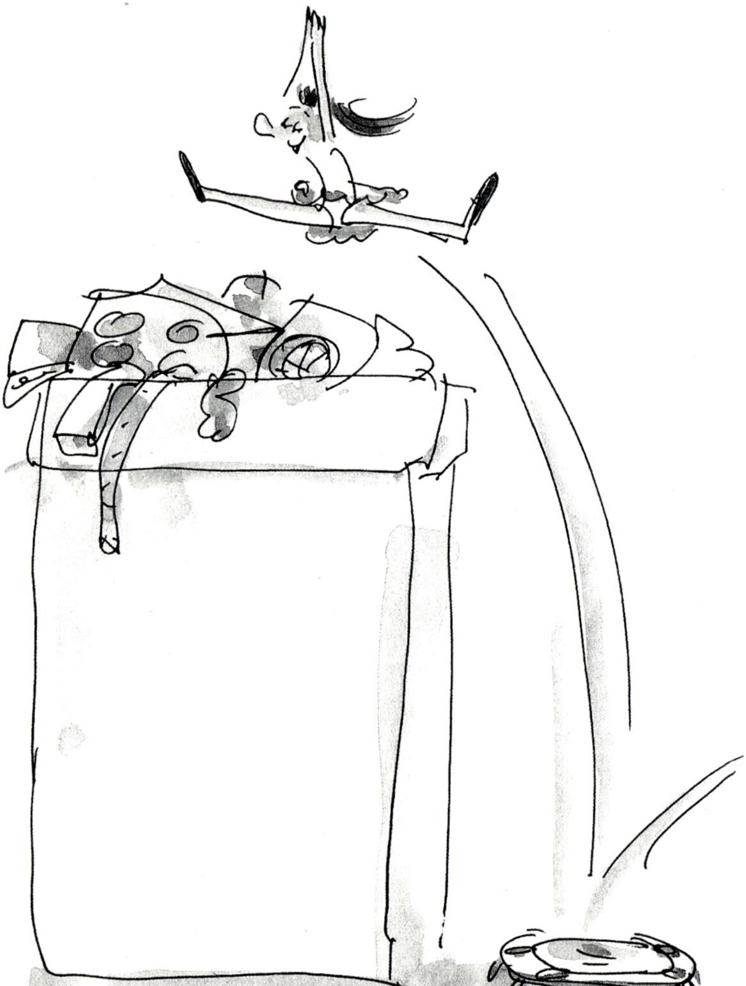

– Un coup de fil à Alicia ? s'étrangle Maman. Mais vous venez de passer tout un week-end ensemble ! Vous n'avez peut-être pas eu le temps de vous parler ?

– Comme si elle ne faisait pas pareil avec ses copines, fait Papa dans un clin d'œil. Allez, dépêche-toi, il est tard.

– Allô Alicia, chuchote Mathilde d'une voix mourante. J'ai un problème.

Et elle lui explique l'affaire du collier.

– Je m'occupe de tout, rassure Alicia. Demain c'est lundi, mon père a dit qu'il allait jeter un vieux matelas. J'irai avec lui après la classe, je sauterai dessus comme pour faire du trampoline, et une fois dans la benne, j'en profiterai pour fouiller partout.

– Non mais ça va pas ! dit Mathilde. Tu peux te tuer, même sur un matelas ! Et puis de toute façon, c'est interdit maintenant de descendre récupérer les trucs dans les bennes. Depuis qu'on l'a fait avec les guirlandes de Noël, ils ont mis des panneaux partout. Et sous peine d'amendes monstres !

– T'inquiète, répond Alicia. Tu as dit violette, la mallette, hein ?

Et elle raccroche sans dire au revoir, comme les agents secrets dans les films.

Les filles passent la journée de lundi à échanger des idées de sauvetage et des clins d'œil entendus. À six heures et demie du soir, le téléphone sonne à la maison.

– Mathilde, c'est pour toi.

– Salut, c'est moi. Je me suis laissée tomber sur le matelas, mais ils m'ont repérée tout de suite. Je n'ai eu le temps de rien faire. J'ai bien aperçu un coin violet mais…

– C'est pas grave. Tu as fait ce que tu as pu.

Mathilde est consternée. L'heure du dîner approche, elle n'a rien envie d'avaler. Tout se bloque dans sa gorge et lui fait mal au ventre d'avance.

– C'est fou ce que ça marche, cette fameuse déchetterie, déclare Papa en repliant sa page d'un air satisfait. Il y a un article dans le journal de ce matin, vous regarderez. Tu pourras le découper, Mathilde, pour ton dossier. Le gardien est en vedette. C'est marrant, tout de même. Penser que le matin, il distribue le journal, et que le soir même, si ça se trouve, il s'occupe de le faire recycler.

– Comment ça, demande Mathilde, c'est le même monsieur ? Il fait deux métiers ?

– Bien sûr. Tu sais, apporter le journal aux abonnés, ça ne lui prend pas toute la journée, il faut que tout le monde l'ait au moment du petit déjeuner. À sept heures et demie, huit heures au plus tard, ce travail-là est terminé.

Mathilde n'a jamais réfléchi à tout ça. Tous les matins, le journal est là, à la porte. Elle ne s'est jamais demandé comment il y arrivait. Elle contemple la photo de l'article :

Monsieur Schuler vous explique tous les secrets de la déchetterie.

Un jour que toute la famille s'était levée très tôt pour partir en vacances, Mathilde l'a aperçu. C'est lui, elle le reconnaît maintenant. Il a l'air gentil. C'est sa dernière chance. Elle essaie de se rappeler l'heure à laquelle il passe devant la maison. Vers six heures, six heures et quart du matin. Pour plus de sûreté, elle programme la sonnerie du réveil pour cinq heures et demie.

Le jour n'est pas levé quand Mathilde se réveille. Cinq heures vingt. Le réveil n'a pas eu besoin de sonner. Mathilde l'éteint. Elle descend se préparer un chocolat froid et des tartines de pain de mie au Nutella. Elle met son blue-jeans, un vieux pull, des chaussures solides, et elle attend.

Dehors les oiseaux commencent à

chanter. Il fait un peu froid. Les voitures sont rares. Tout à coup, Mathilde entend une portière claquer, non loin, sur le trottoir. Une ombre s'approche du portail, elle tient un grand rectangle de papier à la main. Mathilde accourt. C'est lui !

– Bonjour monsieur Schuler ! dit-elle.

– Salut la puce ! Tu es drôlement matinale, dis donc ! Alors, c'est le grand départ ce matin ? C'est fini les vacances pourtant !

– Non, non, on ne part pas.

– Ah bon. Tiens, le journal tout frais ! Le bonjour à tes parents ! Salut ma petite puce !

– Attendez ! crie Mathilde. J'ai un problème.

M. Schuler se retourne.

– Qu'est-ce qui t'arrive ?

Mathilde explique tout. La déchetterie. Le collier. La valise. Les tentatives ratées. Plus elle raconte, plus M. Schuler l'écoute sérieusement.

– On peut dire que tu as de la chance, toi !

– Vous parlez par antiphrase, là ?

– Anti quoi ?

C'est un mot un peu compliqué mais en fait très simple qui veut dire qu'on dit exactement le contraire de ce qu'on pense, mais exprès, comme par exemple : *C'est du joli !* pour dire qu'une action est archi-moche, ou bien *Pauvre chéri !* pour dire : Arrête ton cinéma, si tu crois que je vais te plaindre, ou encore, plus simplement : *Ouais, j'vais t'croire !* pour dire : Je ne vais *pas* te croire. Mathilde aime beaucoup ce mot « antiphrase », il permet de comprendre un certain nombre de paroles mystérieuses, et Mathilde adore tout ce qui permet de comprendre les mystères, même un petit peu.

Mais M. Schuler ne lui dit ni : C'est du joli, ni : Pauvre chérie, ni : Ouais, j'vais t'croire. Il dit :

– Quand je te dis que tu as de la chance, c'est que tu as de la chance ! La benne d'objets divers est pleine à ras bord, elle doit partir tout à l'heure à l'usine de tri. Un peu plus tard et c'était fichu.

– Alors vous voulez bien m'aider ?

– Puisque je te dis que c'est ton jour de chance ! Seulement, je t'avertis, je dois d'abord finir ma tournée de journaux. J'ai les clés dans la camionnette, on ira à la déchetterie ensuite.

Allez, en voiture ! Tes parents sont au courant, j'espère ?

– Oui oui, enfin, il vaut quand même mieux leur laisser un mot pour qu'ils ne s'inquiètent pas. On n'a qu'à le mettre avec le journal sur la table de la cuisine. J'arrive !

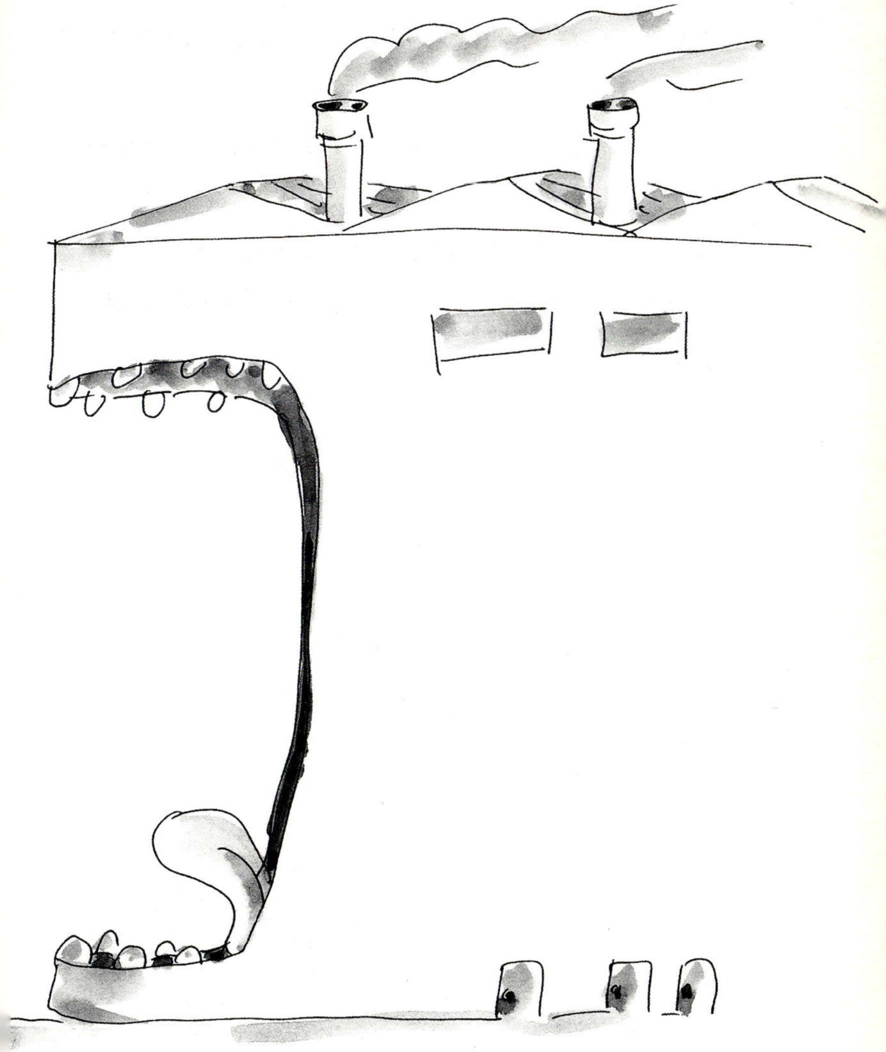

Mathilde et M. Schuler se mettent au travail. Il reste encore deux grosses piles de journaux à distribuer.

– Vous me dites où je dois les déposer, et je m'en occupe, propose Mathilde qui veut faire preuve de bonne volonté.

– Hmm hmm… Le travail des enfants, c'est interdit ! dit M. Schuler. C'est comme de récupérer les objets dans les bennes de la déchetterie. IN-TER-DIT.

Et il éclate de rire en voyant dans le rétroviseur la mine déconfite de Mathilde.

– Mais si tu aimes les promenades dans l'air frais du matin, personne ne t'en empêche ! Dommage que tu ne sois pas là quand il pleut, quand il neige et quand il fait moins quinze !

Mathilde se promet d'y repenser chaque fois qu'elle lira le journal bien au chaud, assise à la table de la cuisine : pour que les nouvelles fraîches arrivent dans les mains des lecteurs, il faut que des héros se lèvent en pleine nuit et bravent le froid et la tempête sur le chemin des boîtes aux lettres.

C'est toute une technique. Certaines maisons ont une sorte de manchon à journaux, un rouleau creux fixé au portail où le journal peut attendre au sec qu'on vienne le chercher. Parfois, il faut entrer dans les jardinets, faire attention au chien ou à la grille qui grince et glisser le journal dans la fente de la porte. Ailleurs, on doit le plier en trois et le coincer dans la clenche sans le faire tomber. Mathilde se dit que dans un monde où les *Lulu, citoyenne responsable* feraient la loi, ces moments-là n'existeraient plus.

Au bout d'une cinquantaine d'arrêts, la pile a disparu.

– On a fini, dit M. Schuler. En route !

La déchetterie est toute bizarre sans personne devant les bennes, sans voitures garées de travers, sans aucun bruit. Pendant que M. Schuler va dans le local enfiler sa combinaison de travail, Mathilde se plante devant la benne marron et tente d'apercevoir un coin de mallette violette. Il y a de tout là-dedans. Machines déglinguées, fauteuils troués, ressorts cassés, un robot n'y retrouverait pas ses petits.

– Alors, tu la vois, c'te valise ?

– Non, mais je sais que quand on est sur ce vieux matelas, là, on peut l'atteindre.

– Tu veux dire le matelas sous le réfrigérateur sous la roue de charrette sous le vélo rouillé ? Super ! On y va !

Et il descend par une échelle spéciale, tel un explorateur partant sonder les entrailles du monde. Mathilde se penche un peu contre le rebord pour suivre ses évolutions.

– Ah non ! Ne recommence pas ! Fais-moi confiance. Patience.

L'attente est horrible. On entend des bruits de métal cogné, de bois qui craque, de coups de bottes dans des plaques de tôle, et aussi quelques jurons bien sentis. Les fouilles durent une éternité. Et soudain, un coin de plastique violet sale fait son apparition. M. Schuler a réussi l'impossible !

Mathilde ouvre la mallette. Tous les morceaux de polystyrène sont là, il n'en manque pas un seul, mais... mais... pas de collier. Tous ces efforts pour rien. Toute cette chance pour la malchance finale.

– C'est pas possible, le collier de ma maman n'y est pas !

– Évidemment puisque je viens de le sortir ! rigole M. Schuler en tirant le collier de reine de sa poche pour le balancer sous le nez de Mathilde. Allez, vite, en voiture, il faut que je te ramène chez toi.

Mathilde a le cœur qui bat à trois cents à l'heure. Elle renifle le collier pour vérifier qu'il ne sent pas les déchets. Il est glacé d'avoir passé toutes ces nuits

dehors. Mathilde sent qu'elle ne le regardera plus jamais de la même façon.

– À votre service, jeune fille ! dit M. Schuler en riant quand Mathilde lui saute au cou pour le remercier. Et… motus et bouche cousue !

Ils refont la route en sens inverse. Le jour se lève tout à fait à présent, orange et rose.

– L'ennui, dit M. Schuler, c'est que maintenant, tu vas être complètement dégoûtée…

Complètement dégoûtée des reines, des top-models et de tout leur bric-à-brac de vieux colliers qui ne créent que des embrouilles, ah ça oui ! pense Mathilde.

– …Et si ça se trouve, tu ne mettras plus les pieds à la déchetterie, alors que ce sont les enfants comme toi qui peuvent changer quelque chose…

Il a l'air tout triste. Mathilde a envie d'éclater de rire. Vous savez, vous n'avez pas seulement sauvé un collier, pense-t-elle, vous avez sauvé tout un coin de planète.

– Je vous promets de revenir à la déchetterie à chaque occasion possible et imaginable, déclare-t-elle solennellement en quittant M. Schuler. Et de lui faire plein de publicité.

Le journal du jour est toujours à sa place, sur la table de la cuisine. Mathilde chiffonne le petit mot qu'elle avait laissé :

Ne vous inquiétez pas, j'étais réveillée tôt alors je suis partie faire la tournée avec le monsieur des journaux.

Elle prépare les bols du petit déjeuner, le lait, le beurre, la confiture. Elle passe même un petit coup de balai dans la cuisine. Il est sept heures et demie pile quand elle entre dans la chambre de ses parents. Le réveil sonne au moment où Mathilde referme le tiroir droit du coffret à bijoux sur le collier d'Arrière-Mamy.

– Coucou ! Mais… tu es déjà habillée ? Le réveil est détraqué ou quoi ? bredouille Maman dans un demi-sommeil.

– Mais non, tout va bien, le soleil se lève, les nouvelles sont bonnes, la vie est belle ! répond Mathilde.